a coragem de se ver

Projeto Gráfico: Kátia Cabello
Capa: Fernando Capeto
Diagramação: Cristiane Alfano
Revisão: Melina Marin

1ª edição — 2ª impressão
5.000 exemplares — outubro 2011

Dados Internacionais de Catalogação na Publicação (CIP)
(Câmara Brasileira do Livro, SP, Brasil)

Gasparetto, Luiz Antonio
A coragem de se ver / Luiz Antonio Gasparetto. -- São Paulo:
Centro de Estudos Vida & Consciência Editora, 2011. --
(Amplitude 4)

1ª reimpr. da 1. ed. de 1997.
ISBN 978-85-85872-54-0

1. Autoajuda 2. Autoavaliação 3. Autoconsciência
4. Autopercepção I. Título. II. Série.

11-01189 CDD-158.1

Índices para catálogo sistemático:
1. Evolução consciente : Autoajuda : Psicologia aplicada 158.1

Este livro adota as regras do novo acordo ortográfico (2009).

Editora Vida & Consciência
Rua Agostinho Gomes, 2.312 – São Paulo – SP – Brasil
CEP 04206-001
editora@vidaeconsciencia.com.br
www.vidaeconsciencia.com.br

GASPARETTO

AMPLITUDE 4

a coragem de se ver

A coragem de se ver

O que você mais odeia nas pessoas?

Tire uns minutos para pensar... Identifique o que realmente o incomoda. Eu não quero as coisas de que você simplesmente não gosta, mas a coisa que chega a deixá-lo furioso.

Já lembrou?

Por que será que essa coisa nos outros mexe tanto com você?

Percebe que existem tantas coisas que você não gosta de ver nos outros, mas não chegam a incomodá-lo realmente, e particularmente essa o incomoda?

Agora, tenha um pouco de coragem e verifique se você também costuma fazer essa coisa, só que não gosta de saber que faz, pois é algo que o seu lado perfeccionista abomina e condena.

De imediato você pode dizer que não. Isso é normal, afinal de contas, você até hoje tenta esconder isso de si para não se reprovar e se punir, como sempre faz nesses casos.

O nome disso é inconscientizar.

Ou seja, tornar inconsciente, jogar para o fundo escuro de nossa percepção.

Em nosso dia a dia, é comum nós não vermos o que fazemos, pois podemos treinar nossa percepção a ver ou não ver o que queremos.

Nossa consciência é como um farol: só o que é focalizado pode ser visto, o resto fica nos escuros da inconsciência até que voltemos a prestar atenção.

Se eu olho para um lado, os outros lados ficam inconscientes até que eu gire o meu olhar para que se tornem conscientes os outros lados.

Com isso, podemos evitar olhar para o que não é de nosso interesse olhar.

Fingimos que algo não existe e depois fingimos que não estamos fingindo.

Assim, tornamos o que é inconveniente totalmente inconsciente.

Quando nossas ilusões não gostam da verdade, costumamos inconscientizá-la.

Você sabe como gostamos de nos iludir, de sonhar, de imaginar a pretexto de sermos positivos ou otimistas, por isso achamos a verdade cruel e fugimos dela.

Não vemos nem em nós nem nos outros o que não queremos ver e sempre acabamos por pagar um preço muito alto por isso.

Vivemos reprimindo os nossos impulsos indesejados, nossas vontades que o mundo ao nosso redor não aceita, nosso jeito de ser que pode incomodar os outros e despertar críticas.

Você nunca se pegou naquela situação em que você está andando na rua e, de repente, uma velhinha que está na sua frente escorrega em qualquer coisa e quase cai? A sua vontade imediata é de rir, mas você se censura e contém o riso de dois jeitos ao mesmo tempo. Primeiro no corpo, retesando os músculos do rosto, bloqueando o fluxo do impulso indesejado; depois, inconscientiza a imagem engraçada da velha escorregando. Quer dizer, para se segurar, você fica tensa, porque não dá para pensar na cena, senão desata a rir. Precisa distrair a cabeça com qualquer outra coisa e se distrai pensando "que coisa triste aconteceu com a velhinha".

Muitas vezes você está assistindo a um filme emocionante e sente vontade de chorar, mas reprime. Como? Aperta o peito, a barriga, aperta tudo e distrai a atenção disfarçando-se e fazendo o contrário, ou seja, rindo feito bobo. Você não se permite chorar para não se expor, porque está preocupado com o que os outros vão pensar de você. Então, você se reprime para continuar mantendo a imagem de pessoa maravilhosa. Ainda mais se você for homem, porque homem é forte e não chora por bobagens.

Se você vai viajar e, devido à distância, precisar ir de avião, isso pode ser um problema se você tem medo de andar de avião. Como você precisa empreender a viagem, você reprime o medo apertando o diafragma, o corpo todo, bem como a aura, e fica encolhido para não sentir. A aura é o seu campo energético, um campo de força que existe em você, que se exterioriza e que está relacionado com o corpo astral. E o que a aura tem a ver com a repressão? Na repressão, o que primeiramente encolhe não é o corpo físico, apesar de aparentemente dar essa impressão. O corpo físico não sente, não tem sensações. Quem sente é o corpo astral, e é ele que encolhe, por isso diminui o medo, a dor, etc. É no corpo astral que circulam as sensações que repercutem no corpo físico. Quando você diz que soltou os músculos, o que de fato você soltou foi o corpo astral, e em seguida o físico acompanha essa postura.

Toda tensão física é decorrente de um fator psicológico que atua no corpo astral, e este no corpo físico. Eu cheguei a essa conclusão quando, um dia, estava deitado na cama e, de repente, saí do corpo físico. Este ficou na cama e eu mexia nele; ele estava duro como um pedaço de madeira. Aí, eu vi que o corpo em que eu estava, o astral, era igualzinho ao corpo físico. Eu sentia o meu pé, as minhas mãos, mas apertava as mãos do corpo físico e não sentia nada. O mesmo acontece com a pessoa que desmaia diante de uma situação que ela vê como complicada ou dolorosa. Ela larga o corpo físico para conter o impacto da dor ou da situação.

Acredito que você conhece pessoas que, estando numa situação ruim, fogem dela de muitas maneiras. Por exemplo, se drogando, se alienando, dormindo, etc. Elas acreditam que fugindo vão se safar da situação. Só que, quando retornam, está tudo igual. E vai estar mesmo, porque não fizeram nenhum trabalho de modificação.

Então, para não ter sensações e sofrer o impacto da dor, as pessoas se reprimem, se encolhem, e a energia começa a deixar de circular. Junto com o encolhimento, distraem a cabeça de vários modos, porque tudo isso é instintivo e não precisa ser ensinado para ninguém.

Agora você acredita que o material que você recalcou desaparece de você?

Sinto avisar que ele não deixou de existir.

Tudo que você sente e controla são os efeitos, mas a causa fica no inconsciente. Você não quer ver o que recalcou por causa de seus preconceitos e censura-se, por isso prefere achar que desapareceu.

Entretanto, você continua com a mesma atitude que causa tais sensações, e assim continua criando o mesmo efeito, tentando escondê-lo na base do “não vejo, logo, não existe”.

Acontece que, para esconder o efeito, você precisa manter certa tensão, porque, se você se solta, vem tudo para fora. E essa tensão vai se acumulando no corpo energético, no corpo astral e passa para o corpo físico. O efeito disso é que ela vai tirando os seus músculos do lugar, vai tornando um corpo bonito num ser desalinhado e cheio de deformidades, como flacidez, celulite, barriga, gordura, etc. Isso porque os músculos internos estão sempre tensos e, embora com a musculação externa você disfarce e solte, a interna está presa. E o impacto entre tensão interna e soltura externa provoca deformações. É por esse motivo que existem massagens e tratamentos para mexer com a musculatura mais profunda, que se entortou toda devido ao atrito da tensão e soltura.

A pessoa pode estar estressada, mas quer manter a pose porque não fica bem mostrar estresse, nem raiva, nem medo. Para tanto, procura manter a postura exterior aparentemente relaxada, mas a causa continua dentro, provocando problemas mesmo que ela não queira ver.

Sua força consciente de fato controla as funções musculares do corpo e a atenção, mas chega um momento em que esse material recalcado precisa sair por algum lugar.

No nosso sistema bioquímico, sabemos que as partes do corpo falam entre si através de um sofisticado e perfeito sistema de substâncias. Essa comunicação funciona de tal sorte que, se machucamos os pés, logo o cérebro é avisado e emite sinais para que o organismo processe os elementos de cicatrização, mas antes produz a dor para que a consciência passe a cuidar do ferimento. O inconsciente emite sinais para o consciente agir, já que este tem o poder de certas funções, como comer, beber, articular os músculos, etc.

No caso de atitudes reprimidas, o inconsciente precisa mostrar de alguma forma ao consciente que ele está fazendo algo que prejudica o sistema, mas a consciência escapa e resiste, assim o inconsciente lança esse material em zonas que a consciência não pode dominar.

E é isso que se chama projeção.

A consciência não pode exercer o arbítrio na zona onírica, na zona anímica, em grande parte do corpo ou mesmo ainda na zona externa ou ambiente; é nelas que as projeções aparecem.

Você controla com seu arbítrio o que não quer ver, mas o inconsciente o força a ver o que você tem que ver.

Se você está se agredindo e não quer ver, poderá sonhar com agressões.

Esse fenômeno é diferente da transferência. E é importante fazer uma distinção entre ambos, porque as pessoas costumam confundi-los. Transferência significa transferir para os outros a sua versão, a sua verdade, os seus sentimentos, achando que eles são como você. Ou seja, você toma os outros por você. Tudo que é bom para o seu caso você acha que também é para os outros.

Agora, a projeção é involuntária e automática. Negou a consciência de algo que você cria, então tudo isso reaparece de uma forma exagerada e que mexe muito com você.

Você já pode saber: mexeu muito com você, é projeção. Ou seja, é a vida querendo mostrar-lhe uma coisa em você que você não quer ver.

E não dá para escapar. Quanto mais você quer fugir, maior fica a projeção, ou seja, maior a coisa projetada vai aparecer na sua frente.

Parece que a vida não perdoa. O que tem que ser conscientizado será feito cedo ou tarde.

Na verdade, existem dois tipos de projeção: os seus pontos fracos que você esconde por ter preconceitos contra tais aspectos e que, ao se projetar em alguém, geram em você um ódio incontrolável; e as virtudes, que você acha que não possui, pois tem uma autoimagem negativa e falsa, e, ao se projetar nos outros, experiencia como paixão.

Por exemplo: é projeção adorar ou idolatrar uma pessoa inteligente porque você não se considera inteligente, embora na verdade tenha um grande potencial de ser, mas, por causa dos seus preconceitos, você vive se impedindo de usar sua inteligência. Você a vê no outro e sente essa exaltação desmedida.

Se você só admirasse a inteligência de alguém, sentiria uma espécie de respeito por ela e nunca se exaltaria.

Assim também, o que mais irrita no outro é o que você não quer ver em você. É claro que existem certas coisas de que simplesmente você não gosta. Refiro-me àquelas que dão uma sensação interna de raiva e agitação. Essas realmente são projeções.

Você já notou que há determinadas coisas que ficam muito grandes em sua vida, por mais que você fuja e não preste atenção nelas? Pois é, essas são projeções que estão mostrando o que você faz, mas não aceita e não quer ver.

Para mudar isso, existe a introjeção, que é o oposto da projeção. O fenômeno da introjeção é aceitar ver o que você está negando e localizá-lo em si. No entanto, existe sempre o orgulho, que não o deixa aceitar.

A resistência em ver a verdade existe porque você já se habituou a defender o ponto de vista do seu orgulho. Ele o censura, obrigando-o a ser do jeito que ele idealiza e que fica considerado como o "certo", em que os falsos valores dominam. Usa a condenação e a culpa para forçá-lo a ser ou parecer certinho. Essas culpas e punições que nosso orgulho nos impõe geram o medo de se ver como se é. Afinal, ver-se de verdade passa a não ser conveniente.

No entanto, a verdade permanece a mesma. Você só fica bravo e irritado com as pessoas que fazem exatamente o que faz com você.

Não tem jeito de escapar!

Quando você se queixa muito de alguém, está falando de você mesmo, está se confessando.

Queixa é confissão!

Por exemplo: você entra no consultório do terapeuta e começa a falar do marido ou da esposa, e o terapeuta o estimula a falar mais. Por quê? Porque essa fala é uma confissão. A sua atitude é diferente quando você, apesar de considerá-la feia, aceita e faz. Aí, as atitudes dos outros não chamam tanto a sua atenção, e se o faz não incomoda.

Entretanto, com relação ao material recalcado, não adianta você dizer que inconscientizou e, por esse motivo, não o vê. Por exemplo: dizer para você mesmo que inconscientizou a irritação e por isso é difícil vê-la, descobri-la, para lidar com ela, é só uma desculpa para você mesmo. Isso porque uma coisa é você dizer que jogou fora uma atitude que já não lhe serve mais, outra é fingir que jogou, censurá-la e deixá-la ativa no inconsciente.

Vejamos agora algumas atitudes dos outros que podem lhe causar irritação ou mesmo raiva se você não se aceita como é. Vou mencionar algumas e quero que você dedique um tempo para refletir a respeito.

Uma pessoa é sarcástica com você e você fica com ódio. Para começar a entender o processo todo, vamos deixar claro o que vem a ser sarcasmo. É quando você fala uma coisa importante para uma pessoa e ela simplesmente ignora, goza ou ri dos seus sentimentos. E você? Como faz isso com você mesmo? Acredito que de muitas formas. Você deve ser sarcástico com você quando se põe de lado, ri dos seus sentimentos, se acha um palhaço, se chama de criança, de burro, de bobo, quando muitas vezes você está até fazendo o seu melhor, está no melhor dos seus sentimentos, e assim se desconsidera. Você acha que fazer isso com você não tem importância, mas, quando o outro faz, você considera afronta.

Outra atitude que pode lhe causar irritação é a mesquinharia. Eu ouço muitas pessoas dizerem que não gostam de gente mesquinha. Eu gosto de perguntar a elas como são mesquinhas consigo mesmas e com os outros. Isso porque quando se referem a si mesmas usam um outro adjetivo, ou seja, usam o de cuidadosas e não o de mesquinhas. Alegam que são cuidadosas porque os outros podem abusar delas, aproveitar-se delas.

Na verdade, a mesquinharia é uma coisa muito ampla. A pessoa pode ser mesquinha em algumas coisas, mas isso não significa que ela seja mesquinha em todos os aspectos da vida dela. Por exemplo: uma pessoa pode não ser mesquinha com dinheiro, mas ser com livros. Ela tem um monte de livros que não lê, não usa, deixa tudo trancado, embolorando, mas não empresta para ninguém.

O que realmente importa não é com o que se é mesquinho, mas que a mesquinharia só incomoda na medida em que você tem uma forma qualquer de mesquinharia. E é por isso que a do outro chama a sua atenção e o irrita.

Mesquinha não é só a pessoa que guarda coisas ou que é insegura porque não sabe doar, não tem maturidade para tal. Mesquinha mesmo é aquela que já tem uma certa capacidade de doar e não doa. E somos mesquinhos conosco quando tiramos a nossa oportunidade de doar, de ter prazer em dar.

O ato de dar é algo gostoso, é um prazer, é o prazer do bem. Não é a obrigação de fazer coisas, mas o sentimento de dar, de distribuir, e quanto mais você dá, mais você amplia esse sentimento. Mesquinharia é quando a pessoa não assume a capacidade de dar, de ser generosa no grau que ela já sabe e, ao negar isso, cria problemas para ela. E é claro que tudo isso é relativo, porque há pessoas que estão acostumadas a doar e outras que têm um campo menor de doação. Essas não podem ser encaradas como mesquinhas, porque, de acordo com a capacidade delas, não têm habilidade para tal.

E você? Em que sentido é mesquinho com a sua capacidade de doar?

Como você vai contra essa sua capacidade?

Pode ser que seja com o trabalho, pois em sua ganância em querer ganhar muito acaba por ser mesquinho com seus clientes, ou mesmo com as suas ideias, pois a ganância de ser o dono da verdade o leva a ser mesquinho com as ideias dos outros. De que forma você é mesquinho com você?

Muitas vezes você deixa de fazer o que quer na ambição de manter seu status, não se permitindo errar. Com isso, impede-se de crescer e aprender. Sua mesquinhez é tirar as chances de viver com largueza e profundidade, anulando um sem-número de oportunidades.

Introjete a projeção e comece o trabalho de percepção para mudar.

Há pessoas que ficam profundamente irritadas com delatores, com gente que é dedo-duro. Mas, apesar de não gostarem, fazem a mesma coisa consigo mesmas. Por exemplo: a pessoa está saindo de casa e rasga a meia. Como não tem tempo para trocar, vai ao encontro da amiga e já chega dizendo que a meia está rasgada. A amiga nem viu, nem reparou, mas a pessoa vai logo se delatando, que é para que a outra não delate antes.

Com relação à agressividade e ao autoritarismo, também há muita irritação. Você pode achar que uma pessoa é ruim porque é agressiva e autoritária com você. Mas e você? Não faz o mesmo consigo? Ou seja, é ruim com você quando quer as coisas do seu jeito e, quando não é do seu jeito, fica contrariado porque, no fundo, é arrogante.

Na arrogância, a pessoa não pede, manda. E imagina que a vida e as pessoas têm que ser do jeito que imaginou, porque, afinal, ela é maravilhosa e precisa ser atendida nas solicitações que faz. Esse tipo de atitude é de quem quer dominar a vida, quer comandar tudo, porque se julga assessora direta de Deus e sofre de contrariedade crônica. E essa contrariedade nada mais é do que ódio do fato de a vida fluir do seu modo natural dentro de suas próprias leis e não pelo que a pessoa imagina que são essas leis. Ela não quer se dar ao trabalho de estudar a vida e acha que o que pensa ou aprendeu a pensar é o certo só porque "Ela" pensa.

Quando você quer forçar e empurrar a vida, ela não coopera.

Não ocorre o mesmo com você? Se alguém o empurra, você logo perde a vontade de cooperar.

Um grande número de pessoas pensa que Deus é controlador, mas isso não é verdadeiro. E a vida, que é Deus, é assim: ninguém a domina nem põe rédeas. Cada um de nós, a seu tempo, mais cedo ou mais tarde vai entender isso com bastante clareza.

Acredito que um dia todos nós vamos ter condições de participar com mais lucidez da vida. E isso ocorrerá quando o nosso conhecimento acerca das leis que regem a vida for maior.

Por enquanto, o que precisamos é aprender a seguir o fluxo da vida, acompanhá-la. Aí, sim, ela se torna generosa conosco. E, ao fazer isso, as coisas deixam de contrariá-lo, de emperrar-se, e você deixa de se torturar com isso. No momento em que você aceita o fluxo da vida como é e procura estudá-lo, observá-lo, lidando com ele sem brigas, sem revolta, a vida fica do seu lado e vai fazer tudo para que você aumente seu conhecimento sobre ela. Ocorre o contrário quando você quer dominar arrogantemente a vida. Esta o contraria não para chateá-lo, mas porque as leis dela estão funcionando pela sua lei, que é a da contrariedade. Ou seja, você quer seguir na contradireção das coisas.

É arrogância querer que a vida funcione como você imaginou e não procurar cautelosamente a verdade. Por exemplo: o dia está chuvoso, você precisa sair para trabalhar e reclama por ter que enfrentar a chuva. Parece que Deus precisava consultar você para saber se podia ou não chover. Isso porque você imaginou um dia totalmente ensolarado, e Ele o contrariou. De um modo geral, essa é uma atitude típica do brasileiro, que fica contrariado porque as coisas não estão do jeito que ele queria. Ele imaginou que o destino do país deveria ser de um jeito e é de outro, que ele não quer.

No fluir da vida, há tantas forças e razões envolvidas para que ela flua desta ou daquela maneira, assim como há tantos aspectos do seu mecanismo e da sua evolução, que a nossa imaginação é ainda muito pequena para entender tudo. E, por ser pequena, o julgamento que fazemos da vida é sempre falso, fantasioso, um delírio. É o mesmo que considerar a vida como um grande sonho de amor.

Por falar em sonho de amor, não tem, na vida, coisa mais boba do que isso, do que essa história de príncipe e princesa encantados. E há muitas pessoas que vivem uma vida inteira correndo atrás desse sonho, dessa fantasia. Existe o sonho daquele homem maravilhoso com quem, na imaginação, as mulheres sonhadoras já dormiram um monte de vezes. Aquele meio herói, meio santo, meio "Ricardão", ou seja, aquele sem-vergonha que é um arraso na cama. Ou o sonho com aquela mulher com peitos lindos, um belo bumbum, um corpo escultural, que é meio mãe, meio puta. Porque tanto os homens como as mulheres fazem uma coletânea na imaginação e querem uma mãe ou um pai para terem carinho e proteção e uma puta ou um "Ricardão" para terem a sensualidade.

Agora, pare um pouco a leitura e dedique-se a refletir sobre como são os seus sonhos. Como são as virtudes da pessoa que aparece nos seus sonhos? Quais as características dela? Se você observar bem, vai perceber que essas características são as que você nega e aparecem projetadas no sonho de amor.

Todo sonho e toda fantasia são projeções do que você pode fazer e não faz para você, e também do que você tem e não vê porque se censura, e com eles se impede de ter liberdade de satisfação, ou seja, de se curtir. Você tem dentro de si todo amor, carinho, proteção, força, coragem, sensualidade, etc., mas acha que não tem. E fica sonhando e fantasiando com aquele tipo de pessoa que vai lhe trazer todas essas sensações incríveis.

As fantasias com relação à pessoa ideal, que vai preencher o que você acha que não tem, começam na adolescência e se seguem pela vida afora. A escolha da pessoa com quem você quer se casar é geralmente baseada nessas fantasias. As pessoas não casam para compartilhar, mas para preencher o que acham que está lhes faltando. Isso mostra que as pessoas se casam com as projeções delas ou com a esperança de que o outro preencha essas faltas. E ao se casarem com essa noção fantasiosa, casam-se com duas pessoas, sendo que uma é a real e a outra é o produto da fantasia.

O casamento da maioria das pessoas nada mais é do que mútuas projeções de você no outro e deste em você que ambos não têm. O fato de não ter diz respeito a você não se dar, pois quem não se aceita ou não se ama procura alguém para fazê-lo por si. Muitas vezes você até percebe que a pessoa escolhida não tem nada em comum com você, mas você teima, insiste, enfia na cabeça que tem que ser ela porque está apaixonado. E isso acontece tanto com homens como com mulheres.

Então, no casamento, um vê no outro a oportunidade de ter tudo que não está se dando em nível individual. E por algum tempo isso funciona bem, mas, de repente, começam a perceber que não se encaixam e iniciam o famoso bate-boca das cobranças. Um diz para o outro: "Você não me ama mais", ou "Você não faz nada para mim", ou "Você está indiferente", ou "Você não me compreende mais", etc. E vão cobrar um do outro exatamente o que não está de acordo com o modelo que idealizaram.

Uma coisa interessante para se observar com relação ao modelo ideal é que ele não deixa você ver que a pessoa com quem se casou é alguém interessante, ou por outra é até legal mesmo. Você se magoa profundamente porque ela não é seu modelo e, com isso, passa o resto da vida torturando tanto você como ela para que mude isso. E junto com a mágoa, faz aquele dramalhão dizendo que sofre com ela ou que o amor acabou. Mas acabou coisa nenhuma, porque nunca existiu. Você casou mesmo para preencher as suas carências, as suas necessidades, porque nunca se curtiu e nunca se realizou por ter muito orgulho, muita pose e muita besteira na cabeça.

Mas o engraçado disso tudo é que a pessoa com quem você casou vai fazer a mesma coisa que você faz com você. Isso porque ela chega perto de você, percebe as suas vibrações e o trata como você se trata. A vida é mesmo louca, pois você se casa para que a pessoa preencha o que lhe falta, e há faltas porque você não assume suas necessidades e se abandona, porque considera isso egoísmo. E aí a pessoa faz a mesma coisa e a abandona, tratando-a com indiferença. Por exemplo: se você é indiferente com você e não se dá crédito, ela também não dará.

A vida o trata como você se trata, assim como os outros vão tratar você da forma como você se trata. E quando menciono os outros, não me refiro só aos que o rodeiam, como marido, esposa, pai, mãe, filhos, mas todos com quem você convive. Por exemplo: você entra numa loja para comprar uma roupa e o vendedor não lhe dá muita atenção. Você pode dizer que ele é grosseiro, que não quer trabalhar, que não está se empenhando no que faz, etc. Podendo ter tudo isso, como é que, ao entrar uma outra pessoa na loja, ele a trata bem? Logo, isso leva a concluir que é você que não está se dando a atenção que já pode e tem condições de se dar.

Com essa nova visão, quebramos um grande tabu: quando tratamos os outros bem, eles devem nos tratar bem. Quebrar esse tabu é muito importante, porque é por causa dele que sofremos com o que os outros nos fazem, porque temos a ideia de que fizemos tudo pelo outro e ele não pode nos decepcionar. E alimentamos essa ideia porque fazemos tipo para os outros, esperando que venham nos amparar, mas ninguém ampara ninguém. O mundo, assim como as pessoas, reflete a energia que você exala. Por exemplo: uma mulher fica chorosa porque quer receber agrado do marido e este, em vez de se comover com o choro, chega para ela e diz: "Quando você chora, tenho vontade de dar-lhe uns tapas". Perceba que, como ela se destrata e não se dá atenção, ele entra na projeção dela e faz o mesmo. Em vez de agradar, fica com vontade de esmurrá-la.

É claro que, em contrapartida, há aquelas pessoas que não deixam que ninguém abuse da confiança delas. E não é por elas serem loucas ou ficarem ameaçando os outros para que isso aconteça. Simplesmente, o que ocorre é que elas estão na delas, estão seguras e exalam uma energia de firmeza, de confiança em si mesmas, de que assumiram suas necessidades e se preencheram com seus próprios recursos. A energia que exalamos é a que chamamos de apreciação ou depreciação.

Como as pessoas normalmente se casam com suas respectivas projeções, chega um dia em que descobrem que não têm nada em comum com o cônjuge. Começam a perceber o quanto é cansativo ficar cobrando dele atitudes que não pode cumprir, não porque não quer, mas porque nunca vai se encaixar no modelo idealizado, por mais que se esforce. É desolador sentirmos que o parceiro não nos preenche e, ao mesmo tempo, sermos também abandonados por nós mesmos. Muitas vezes, um dos cônjuges faz ao outro mil promessas de mudança e, embora seja bem-intencionado, a relação continua não dando certo. Isso porque o processo de mudança não vai para onde as pessoas estipulam que ele deva ir.

O mesmo acontece com você. Por exemplo: num determinado período da sua vida, você quer ser paciente e se força a ter essa postura. Mas a sua essência não quer aprender isso, quer outras coisas, como ter mais coragem na vida, curtir um filho, etc. E por isso não adianta se forçar a ter paciência ou insistir que precisa aprender isso ou aquilo, que a coisa não deslancha. Você tem uma sequência de aprendizado, e a sua ilusão, o seu orgulho não o deixam enxergar que a natureza em você está madura para outra coisa. Isso seria o mesmo que pretender que primeiro a criança fale e depois ande. E é claro que, não querendo ver o que a essência quer, você reprime e, quanto mais reprime, mais há projeção, carência, sonho, ilusão e, de novo, mais repressão. Vira um círculo vicioso e não resolve a questão, porque, quanto mais você se censura, maior é a repressão.

Para entender o que a essência necessita, você precisa prestar atenção em você, se valorizar. Responda para você:

— O que você quer agora?

— Agora você está maduro para o quê?

É importante que você compreenda que a sua falta de autoconsideração leva os outros a não considerarem você. A consideração das pessoas começa quando você se considera. E um bom exemplo da falta de autoconsideração é o sonho de amor. Em primeiro lugar, porque você idealiza que o outro vai satisfazer todas as suas necessidades e, com isso, o sonho de amor, repleto de expectativas de como o outro tem que ser, torna-se um concorrente do seu casamento.

Com esse sonho como pano de fundo de uma relação, você nunca consegue gostar da pessoa com quem está. Nem consegue vê-la e apreciá-la como ela é porque está sempre com o ideal na cabeça e com a esperança de encaixar o outro nesse ideal. Está sempre comparando o que você tem com o seu ideal e, com isso, está sempre perdendo, considerando-se lesado e culpando o outro por todas essas coisas. A consequência disso é que você nunca está inteiro na relação. Como o outro não se encaixa no modelo — porque dificilmente vai se encaixar —, você fica magoado, se fecha, se reprime, perde o prazer físico e afetivo e daí começa a morrer o relacionamento. Tudo por causa do sonho de amor.

A situação torna-se completamente diferente se você é uma pessoa que se preenche, se considera e introjeta essa consideração. Porque aí você livra o outro de fazer essa tarefa por você. Quando você se autoconsidera, percebe as suas reais condições e as do outro e vive melhor com ele, porque há amizade entre vocês.

Em sua maioria, as pessoas não conseguem ter amizade conjugal devido a tanta idealização. Ao libertar o outro de ser o seu ideal, você vai vê-lo sem a máscara que pôs nele. E com essa postura você começa a perceber que o outro é humano, que tem pontos atrativos e, com certeza, vai encontrar uma nova forma de relacionar-se sem o entrave do ideal. Pode ser que você perceba que o outro é tão diferente que não tem a menor possibilidade de continuarem juntos. Mas, na maioria das vezes, o que acontece é o contrário. Ou seja, quando você tira a máscara, o amor aparece. Para permitir que isso ocorra, é só questionar o que você mais odeia no seu cônjuge. Agora, permita-se perceber que é você que é assim. Olhe-se no espelho, converse com você e pare de encher a paciência do outro.

Na relação com os pais acontece a mesma coisa que na relação com o cônjuge. Há também muita projeção. Você não aceita o relacionamento deles com você porque quer uma coisa diferente, ideal. E, com isso, atrai um filho que é igualzinho ao seu pai ou à sua mãe e que o trata como ele ou ela o tratavam. Dá para desconfiar que existe por trás disso uma mensagem da vida. A mensagem é que você vai ter do mundo o que você se dá e cultiva: tanto coisas boas como ruins. E não adianta fazer gracinha para os outros, ser bom, sacrificar-se, mostrar todo o seu amor para que eles sejam bons com você, porque isso é uma grande ilusão. Isso tudo nada significa se você não se der respeito, dignidade, amor, confiança, etc. Lembre-se: as pessoas vão tratá-lo como você se trata.

Agora, se dê alguns momentos para refletir nas suas projeções. Quais as coisas que os outros fazem que lhe causam irritação? Por exemplo: você fica irritado com o filho quando ele fala mais alto do que você? E você, como grita com você? Há várias maneiras de você gritar com você, como se chamando de burra, de idiota, se diminuindo, se achando pouco inteligente, etc. Ou será que é a teimosia do filho que a irrita? Pois é, o filho é igual a você, ou seja, quando empaca, não há o que o faça mudar. Percebe como tudo é projeção?

Também é projeção uma mãe dizer que o filho não pode passar pelo que ela passou. Isso porque ela acha que o filho tem as mesmas necessidades que ela provavelmente ainda tem. E geralmente ela superprotege o filho porque não protege a si mesma. Acha que o filho é um coitado, que não tem capacidade, e ela precisa ficar em cima dele em tudo, quando, na verdade, é ela que é coitada. Ela fica o tempo todo dizendo: "Põe a blusa que está frio" ou "Come, porque senão você fica fraco", etc. Ou então é aquela mãe que quer que o filho seja igual a ela até nas coisas que ela não fez. Por exemplo: se ela não estudou, quer que o filho estude, e enche a paciência dele para que ela se realize. Joga nele as expectativas que são dela. E atrai para si um filho vagabundo, igual a ela, que também não quis estudar. Já as mães que estudaram não enchem tanto a paciência dos filhos nesse aspecto.

O material que você recalcou faz com que você atraia para sua vida espíritos que representam coisas que você rejeitou. O filho problemático não é inimigo de vidas passadas. Ele reencarna na sua família para que você perceba o que não quis ver em você. Obviamente você também atrai para filhos outros espíritos que não são tão problemáticos, mas tem aquele que é a sua projeção e que é com quem você mais encrenca.

Mas a projeção não é só de coisas ruins, de coisas negativas que não queremos ver em nós. Há também muita coisa boa em nós, muitas virtudes que recalcamos, que não vemos devido a uma falsa modéstia ou uma autoimagem negativa que aparecem projetadas nos outros. Na linguagem popular, chamamos essas virtudes de paixão.

Infelizmente, a paixão é uma doença muito confundida com amor. Afirmo que é uma doença porque ela faz mal antes, durante e depois. E você sabe a que me refiro, porque já deve ter experimentado uma. Todo mundo já a experimentou, mesmo porque existem vários tipos de paixão. Ela acontece em qualquer idade, com ou sem sexo, embora seja muito comum a paixão com conotação sexual, isso porque a repressão do prazer é muito grande. E prazer é uma de nossas virtudes, uma das coisas boas que temos e reprimimos. A pessoa apaixonada vê a sexualidade dela escondida no outro, tem um desejo absurdo e este mexe tanto com ela que perde a voz, treme, delira, fica mole, tonta. E não acredita quando o desejado diz que não gosta dela, que não quer nada com ela.

Há também as paixões por grandes nomes dentro da área profissional, ou por ídolos de cinema, de televisão, por cantores, ou mesmo ídolos religiosos, como Gandhi, Buda, Jesus Cristo, etc., enfim, todo tipo de paixão, na medida em que se projetam nesses ídolos virtudes que não vê em você. Por exemplo: você se apaixona por um ídolo de cinema e o idolatra. E quem é o ídolo? É alguém que faz coisas que você gostaria de fazer e não faz, que mostra uma ousadia que você não aceita em você e que fala coisas que você tem vergonha de falar. E se ele projeta virtudes ou coisas que você tem mas não assume, ele será um excelente espelho de projeção. Tem gente que fica tão fanática pelo ídolo que vive em torno dele e se judia.

Contudo, isso não significa que você não possa admirar pessoas que se destaquem em várias atividades. Mas existe uma grande diferença entre estar apaixonado por um ídolo e admirá-lo. Na admiração, você vê que a pessoa tem uma qualidade que você ainda não tem, mas você é consciente de que pode ter. Por exemplo: você joga tênis e, por gostar desse esporte, admira a capacidade técnica de um tenista famoso, mas tem consciência de que pode chegar lá se esse for seu objetivo. Na paixão, isso não ocorre. Nela existe um recalque da sua capacidade, uma negação dela, ou seja, você tem capacidade para fazer algo, mas recalca.

Você pode até achar que na vida é preciso ter paixão, que é ela que dá animação em tudo o que você faz, porque é um estado interior que lhe dá força. Pode também pensar que as paixões é que dão sabor à vida. Mas os estados de paixão e de ânimo da alma são duas coisas completamente diferentes. O estado de paixão é de desequilíbrio, desassossego, gera um desconforto físico, o coração bate mais acelerado; já o de ânimo é o estado da alma, é calmo, porém ativo dentro do coração, gera uma sensação de bem-estar.

Agora, procure se lembrar do seu período de apaixonado. Talvez aquele na época da adolescência, quando a paixão é mais forte. Provavelmente você se recorda de como parecia difícil viver sem a pessoa. Depois de alguns anos, você vê a pessoa por quem dizia morrer de paixão e diz: "Meu Deus! Mas ela não tem nada a ver comigo!" E nunca teve mesmo, nem tinha no período da paixão. Isso porque não era a pessoa que você via, mas o que você projetava nela. Quer dizer, você se via nela porque ela tinha uma virtude que você não via em você. A pessoa lhe parecia atraente, mas era pura neura, porque você, de fato, não a queria. O que queria era o que estava vendo nela.

Quando você sabe usar a introjeção, é fácil sair da paixão, embora seja mais fácil usar a introjeção de outras áreas recalcadas além da paixão. Nesta, a pessoa dificilmente acredita que é projeção e quer levar a coisa até o fim. A paixão tem ciclos. Ela põe a pessoa no chão, gasta as energias dela, que sofre e se narcotiza dizendo que ama.

O amor é bem diferente desse narcótico chamado paixão, embora nas canções e no vocabulário popular exista uma grande confusão entre ambos. Nos livros, filmes, letras de música, costumam chamar de amor o que é só paixão. O amor é calmo, não desequilibra nem aprisiona; ao contrário, liberta. Ele é uma troca, uma coisa gostosa, solta, espaçosa. Já a paixão é uma prisão dolorosa. Nela você quer a pessoa para você de qualquer forma, quer prender a pessoa, quer seduzi-la.

Uma outra coisa muito comentada e discutida e que também é projeção é o ciúme. O ciumento tem o hábito de dizer que o outro faz, ou quer fazer, o que ele mesmo se censura. No ciúme, há muito moralismo e muita censura da sensualidade. E quando há essa censura, significa que há uma distorção na maneira de se ver a própria sensualidade. Por exemplo: tem gente ciumenta que trai o outro e acha que este está querendo trair também. Esse tipo de pessoa é a que se condena e não aceita o fato de ser ciumenta.

Quando você casa com um ciumento, você sempre acaba casando com dois. Isso porque o ciumento casa com você e com o outro que ele pressupõe que você é. Com o ciumento, dormem três na mesma cama, porque ele vai competir com o outro imaginário a vida inteira. Agora, se você também é ciumento, em vez de três, dormem quatro na cama.

Para a mente social, ciúme é sinônimo de amor. O conceito popular diz que, quando você ama alguém, você precisa sentir e demonstrar ciúme. Parece que o tamanho do amor é medido pelo tamanho do ciúme. Acontece que o ciumento torna a vida do outro um martírio, um inferno. Por exemplo: você pode achar que a mulher que casou com um marido ciumento que a vigia o tempo todo, que controla cada passo dela, é uma coitada. Mas como você já aprendeu que na vida não existem vítimas, o martirizado se permite martirizar com o ciúme por algum motivo. Então, ela arrumou esse tipo de marido porque é carente de atenção. Ele é uma sarna, mas acontece que essa atitude, para ela, significa atenção. É o mesmo que não tirar os olhos de cima dela. E ela diz: "Como ele me quer! Como gosta de mim! Como não para de me olhar!" Só que ele nem vê a esposa na frente dele. O que ele vê são as fantasias que ele projeta nela, e ela interpreta isso como atenção. Por sua vez, ela também nunca viu realmente o marido, e a única coisa que vê são os olhos dele olhando para ela. Na verdade, ambos nunca se sentiram nem estiveram juntos. É como se eles dissessem: "Estou com você, mas só estou olhando o que eu imagino em você, e você olha para mim e só vê o que imagina em mim". Enfim, é uma projeção dupla.

Essa esposa representa a pessoa carente de atenção, a que não dá atenção para si mesma e acaba escolhendo um marido ciumento. E embora sofra com o ciúme do outro, não larga dele de jeito nenhum. Pode ter a liberdade cerceada pelo controle do outro, pode apanhar, pode ser humilhada, mas não larga. E o marido também não larga. Agora, um dia, tudo isso pode acabar, ou talvez não acabe nunca. Porque uma coisa que se percebe nessa relação é que, quanto maior a carência dela, mais ele gosta de fazer o ciumento, de tanto que ela provoca. É engraçado observar que os homens ciumentos sempre se casam com mulheres exuberantes, e as mulheres ciumentas sempre escolhem os bonitões. Atrás dessa escolha, o que existe de fato é a fantasia com relação à sensualidade que não assumem e reprimem.

E para você, como é a questão do ciúme? Quantas vezes você provocou ciúme para querer atenção porque estava carente e não se deu atenção? Lembra daquela semana em que você queria sumir do corpo, não queria se ver e, então, foi fazer ciúme para o outro para que ele ficasse com os olhos em cima de você? Pois é, nós ainda agimos desse modo porque não nos damos atenção. Só que todas essas encenações não têm nada a ver com amor. Elas são só combinações neuróticas. Ou seja, as pessoas se encontram, casam as neuroses e isso pode dar certo por um tempo ou a vida inteira.

E o que é o inverso do ciumento? É não ter ciúme, e esse comportamento é sadio, normal, sem neura. Quando uma pessoa se aceita plenamente, ela não tem ciúme.

Uma coisa que eu observo é que há muitas pessoas que fazem de tudo para agradar a quem dizem amar. Elas fazem mil encenações, só que essas não são para o amado, mas para si mesmas, porque estão carentes. E pessoas desse tipo não querem o outro, elas só usam o outro. Os casais dificilmente admitem que estão juntos porque é útil para eles. Só que isso é verdadeiro, porque temos as nossas carências interiores que não estão resolvidas e, por isso, procuramos nos refazer com os outros.

Quando você é carente, a carência motiva a buscar no outro o que você não tem, mas isso não quer dizer que você é uma pessoa ruim. Quer dizer que você não está se aceitando e procura alguém que o aceite e valorize. Esse foi o jeito que você encontrou para resolver o seu problema, e não está errado. E o amor pode até existir paralelo a isso, ou nem existir. Mas o que existe mesmo é que você está se preenchendo, se somando, se ajudando, se compensando, porque, por enquanto, não sabe fazer melhor. E ainda durante um tempo você permanecerá desse jeito, e está tudo certo, sem erro, porque é assim que você sabe ser melhor. Em suma, é uma união no seu nível, é um toma lá dá cá.

O amor é um sentimento bem diferente disso tudo. Amor não depende de estar junto, não é apego, nem chiclete, nem cola. Amar é estar ombro a ombro, lado a lado, e não grudado um no outro. Você não usa a fonte do outro para preencher sua carência. O sentimento de amor existe independentemente da distância, porque não há necessidade de receber. Por exemplo: a pessoa sente que há amor por outra quando faz um tempão que não vê um amigo e, quando se encontram, parece que se viram ontem. Amar é dar, e não usar. No amor, a necessidade é dar, e não receber. A pessoa tem necessidade de amar, e não de ser amada. E na maioria das vezes, as pessoas fazem o inverso, ou seja, se apoiam umas nas outras e se nutrem uma da outra.

Amar é a disposição de dar. E vivemos mais no apego e na dependência do que nessa disposição. Amor não se impõe só porque você é pai, mãe, filho, marido, etc. Ao contrário, quando impõe, a relação piora. Os pais dizem que amam os filhos, só que nem sempre isso é verdadeiro. Tem filhos que os pais não suportam, mas não têm coragem de confessar isso nem a si mesmos. Eles suportam o filho porque têm que amar e aceitar por serem pais, por serem cristãos e porque esse é o papel que a sociedade espera deles. Assim como tem filho que não suporta os pais e faz força para manter um certo equilíbrio na relação. Mas, definitivamente, amor não é imposição nem apego. E de apego o mundo está cheio: é de pai com filho, de filho com mãe, de esposa com marido, etc.

O amor é um estado de liberdade e nem todo mundo já tem essa capacidade com facilidade. Porque, perceba o seguinte: quando as carências são muito fortes, você está agarrado, apegado nas pessoas, está puxando coisas delas e, nessa postura, não tem espaço para dar. É claro que você faz coisas para os outros, não é que não faça nada e só queira receber, mas faz por obrigação, para receber, e não por amor, e você sabe disso. Diferente de quando você faz uma coisa para o outro sem pensar no efeito, só pela curtição de fazer.

Entretanto, o que normalmente ocorre é que fazemos algo para o outro e já ficamos esperando a resposta e, se o outro não faz, nos ofendemos. Por exemplo: você dá um presente para uma pessoa e espera que ela fique feliz, e como ela não fica tanto quanto você esperava, você se decepciona. E por quê? Porque só ficaria feliz com a felicidade dela e isso é projeção, ou seja, você precisa fazê-la feliz para você ficar feliz. O que torna claro que isso não é amor, porque, quando é, você faz por vontade, por prazer, e não tem cobrança.

No amor só há prazer em dar, ele é solto, leve, não tem expectativa e, principalmente, não tem condição. Quando existe amor, não existe a condição de "só amo se". Condição é uma necessidade, quer dizer, a pessoa só ama se for do jeito que ela quer, só ama se a pessoa for dela. Ela põe uma cerca. E quem ama não prende, solta.

Com tanta exigência e cobrança que fazemos aos outros, nós os reprimimos na afetividade, na sensualidade e vivemos afastados do nosso verdadeiro amor. Ao negar, acabamos por torturar a pessoa amada e a nós. Por isso é que surge a projeção como uma coisa natural, para que enxerguemos o que reprimimos em nós. E quanto mais nós nos aceitamos como somos e a natureza como ela é, mais as projeções vão cedendo. Com isso, vamos conseguindo ter relacionamentos menos projetivos, menos dependentes e mais reais e independentes.

Reflita sobre o seguinte: como é que você pode estar bem com alguém se você se esconde, não se aceita e só mostra suas virtudes para agradar o outro? E se esse alguém fizer o mesmo que você faz? Quando é que vocês vão realmente se encontrar, se ambos estão escondidos? Percebe como a relação fica confusa? Agora, é diferente se você se percebe individualmente e também um percebe o outro na relação. Porque aí é que, de fato, vocês se encontram e há amor.

Intimidade é uma das mais belas conquistas do ser humano, pois com ela somos capazes de ser inteiros com alguém e de viver um encontro verdadeiro de almas.

Todo mundo pode amar todo mundo. A distância a que nós estamos de um amor mais amplo pelas pessoas existe porque não estamos nem conseguindo nos aceitar como somos. Nós classificamos as coisas, colocamos rótulos do que pode e não pode ser, do que gostar ou não, do que é certo e do que é errado. Acontece que a natureza não tem essas classificações e continuará se manifestando no homem do jeito que ela é. E quando não aceitamos a natureza e suas variações, somos cegos para conosco, para com os outros e para com as coisas de um modo geral.

A união com os outros é para preencher nossas necessidades. Nós nos unimos porque nos narcotizamos com o fascínio alheio, mas os outros nunca vão preencher nossas carências. E com isso acabamos sempre na solidão. A maioria das pessoas sofre de solidão e tristeza crônica disfarçada, mesmo porque ninguém vai ficar contando tristezas, chorando e se lamuriando o tempo todo. Se você nunca se permitiu olhar a solidão, faça-o agora. Entre em contato com você indo no fundo do seu coração. Você sentirá aquela coisa triste e abandonada que é a solidão. Mesmo que você tenha ao seu lado uma pessoa significativa. E por quê? Porque solidão é falta de você.

Solidão é a distância a que você está de si mesmo. E quanto maior for a distância, maior a solidão, o vácuo, o vazio de não estar dentro de você. Bem como maior é a necessidade de preencher esse vazio. Um vazio que, na verdade, foi feito só por você mesmo. Quando você quer que o outro preencha, ou seja, faça um serviço que é seu, a necessidade aumenta. Isso porque o outro nunca vai preencher uma necessidade que é somente sua e, em decorrência disso, vem a desilusão.

É realmente triste perceber que nós ainda não sabemos nos preencher e que toda a nossa educação está voltada para arrumarmos alguém. Para a família e para a sociedade, é considerado ruim a pessoa estar sozinha, e acham que ela precisa ter alguém. É a pressão do social. Mas a solidão é um fenômeno interior e não depende do número de pessoas ao redor.

Isso significa que você pode ter amor por muitas pessoas, pode amar o marido, o filho, o amigo, etc., mas o amor que você tem por eles é seu e não deles. Ou seja, é você que sente o amor, e não eles; é você que experimenta as sensações desse sentimento dentro de você. O mesmo ocorre quando uma pessoa compreende você profundamente, pois é ela que desfruta dessa compreensão. E você não tem nada a ver com isso, ou seja, você não pode desfrutar de algo que não é seu. Se várias pessoas amam você, o amor é delas. São elas que estão desfrutando do sentimento, e não você. E isso pode acontecer, pois a vida quer que você perceba que é passível de ser amada e aprenda a amar. A vida nos ensina pelo bem. Agora, se você ama alguém e deixa o sentimento tomar conta de você, então você tem alguma coisa. Quanto mais você entende isso, mais amor e menos apego vai existir dentro de você.

Para aprender a se amar, é preciso deixar de ter ódio de você. Como você pode se amar se vive reprovando-se, reprimindo-se, diminuindo-se? Apesar de o ódio ser destrutivo, nem sempre ele é negativo. Nós o utilizamos quando queremos mudar algo. Na mudança, muitas vezes é preciso primeiro destruir para depois construir. Por exemplo: para ter uma boa digestão, é preciso primeiro triturar, mastigar bem os alimentos, para depois engoli-los.

O ódio é uma energia de ação, uma força tão poderosa quanto o amor e, assim, tudo que há na vida pode ser bem ou mal usado. O uso dele depende unicamente de você. Por exemplo: se você o está usando para não se sentir, para se fechar, se reprimir, se segurar, se empurrar para trás, se recalcar, vai criar uma série de distúrbios, assim como ocorre com toda virtude mal usada. Agora, se você usa essa força para empurrar os outros para fora de você, ou empurrar para fora de você os padrões que o inferiorizam, aí ela é proveitosa e bem-intencionada.

Quando usado positivamente, o ódio é coragem, é firmeza, e exatamente por causa disso ninguém vive sem ele. Por exemplo: é essa força que você usa para dizer um não quando precisa estabelecer o seu espaço junto a alguém; como também é ela que você usa quando precisa encarar uma pessoa ou um assunto difícil. E não adianta pedir força, coragem para Deus, porque ela não está fora, mas dentro de você. Por esse motivo, ao invés de criticar ou julgar essa força, procure entender mais sobre a natureza dela. Conhecer mais sobre ela não impede que você continue atento e tenha cuidado com o uso nocivo dela.

Normalmente, o que as pessoas fazem é recalcar essa força com medo de serem mal interpretadas. Elas recalcam a agressividade porque têm medo da opinião dos outros. E todo medo nada mais é que projeção da coragem recalcada. Usar a força chamada ódio de uma forma positiva é usá-la para levá-lo para frente na vida, para estabelecer o seu espaço e para tomar determinadas decisões, ao passo que usá-la negativamente gera doença e destrói você aos poucos.

Todos nós temos essa força dentro de nós, porque a natureza não falhou com ninguém. São poderes e forças que todos nós temos, e na natureza humana nada está errado, porque tudo que existe tem uma função. É por isso que, quando uma pessoa diz que não tem essa força, ela está mentindo. Experimente ir contra ela, reprimindo-a de alguma forma, e logo verá como a força aparece. Você pode não querer ver a sua força porque, ao invés de empurrar o ódio para fora, você se empurra para trás, querendo deixar os outros na frente. E isso é fruto de um falso moralismo cristão que diz que você precisa ser maravilhoso com os outros, fazer tudo pelos outros e ficar no fim da fila. Com essa moral hipócrita, repressora, você se deprime e vira a raiva contra você mesmo.

E tudo que você reprimir aparecerá projetado para ser trabalhado.

Nós sempre fomos educados para parecermos bons e, para mim, essa moral repressora não serve mais. A educação é uma transformação interior que leva tempo porque é aquela verdadeira habilidade de usar o seu potencial, e não uma coisa falsa, sem um processo de experimentação, de crescimento. Eu não quero mais parecer bonzinho. Eu, você e os outros somos bonzinhos o tanto que podemos ser e só.

Para finalizar, é importante pensar no tipo de pessoa que você atrai para a sua vida. Como também o que essas pessoas fazem para você. Dê uma chance de refletir a respeito, tendo bem claro o seguinte: se você não se valoriza, os outros não vão valorizá-lo; se você se fizer de coitadinho, os outros não vão prestar atenção em você; se você não se respeitar, ninguém vai respeitá-lo. Agora, se você se agrada, se valoriza, se dá atenção, as pessoas fazem o mesmo e o admiram não importa o que você fizer. Os semelhantes se atraem.

Você é o centro da sua vida. Ela flui com você no comando. A vida está sempre criando situações afins daquelas que você cria. E não é egoísmo ser bom consigo, porque o fato de você se querer bem e se olhar com consideração não significa que não queira bem os outros.

Comece a trabalhar por você, lembrando que as pessoas, o mundo e a vida são espelhos do seu mundo interior.

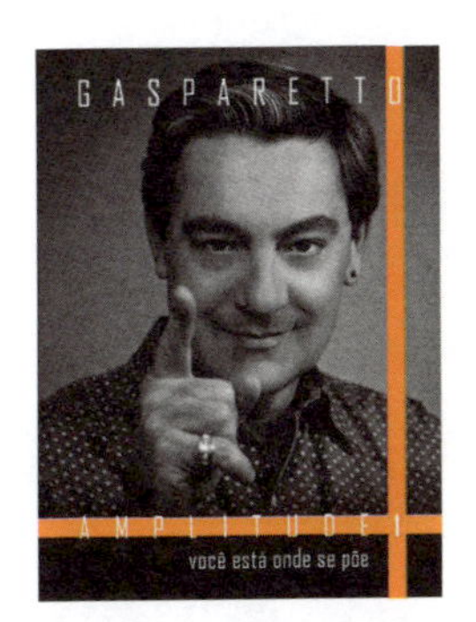

AMPLITUDE 1 —
VOCÊ ESTÁ ONDE SE PÕE

Luiz Gasparetto

Há mil formas de se conhecer. Há dez mil formas de crescer. Há um infinito de possibilidades. Explorar-se é ampliar-se. Expandir-se é dar a Deus o direito de Ele estar com você. Tome mais espaço na vida vivendo além de seus limites.

CATEGORIA: Desenvolvimento pessoal
PÁGINAS: 64
ACABAMENTO: Brochura
ISBN: 978-85-85872-43-4

AMPLITUDE 2 — VOCÊ É SEU CARRO

Luiz Gasparetto

Compreenda como a força do pensamento e as atitudes afetam o seu destino e tudo o que possui. Saiba como o consciente e o inconsciente podem alterar os rumos de sua vida.

CATEGORIA: Desenvolvimento pessoal
PÁGINAS: 144
ACABAMENTO: Brochura
ISBN: 978-85-85872-44-1

AMPLITUDE 3 — A VIDA LHE TRATA COMO VOCÊ SE TRATA

Luiz Gasparetto

Essa é uma grande verdade que precisa ser entendida. Nossas atitudes são como moldes, com base nos quais a vida cria e recria situações.

CATEGORIA: Desenvolvimento pessoal
PÁGINAS: 80
ACABAMENTO: Brochura
ISBN: 978-85-85872-46-5

Este livro foi impresso em offset 75 g/m² pela Gráfica Vida & Consciência
São Paulo, Brasil, 2011.

Rua Agostinho Gomes, 2.312 – SP
55 11 3577-3200

grafica@vidaeconsciencia.com.br
www.vidaeconsciencia.com.br